평범한 게 참 어렵더라

- 송인창 산문집 -

- 송인창 산문집 -

"소중함을 잃고 사소함을 앓고
평범함을 그리워하게 되었다"

작가의 말

평범한 게 참 어려운 이 세상을 살아가는 모든 이들,
저 또한 특별하지 않은 삶을 산다고 느꼈습니다.

모든 순간들이 그저, 그렇게 스쳐 지나갈 때
일상을 돋보기로 들여다보는 습관을 몸에 익혀

매 순간 재밌고, 슬프고, 아쉬웠던 일들을
고이 남겨드리고자 합니다.

평범함을 위해 매일 노력하고, 부딪치는 일상을
반복하다 보면

지치는 것도, 지치는 순간이 찾아오며
포기하고 싶고, 삶의 권태기가 찾아오기 마련입니다.

내가 가는 길이 올바른 길인지,
길을 잃어 헤맬 때,

잘하고 있다고, 때론 무너져도 괜찮다고
전해드리고 싶은 마음을 글로 남깁니다.

목적지를 두고 걷고, 뛰는 것도 좋지만
때론, '쉼'이 필요하기에

'쉼'을 받아들이는 것,
'나'를 인정하는 것.

이 둘은,
살면서 빠질 수 없는 두 가지라고 생각을 합니다.

돌덩어리 같은 답답한 마음이
유연하게 풀어지길 빌며,

온기가 따뜻하고, 둥글지만
한편으론 날카로운 사람으로
나를 지킬 줄 알고, 단단한 사람이 되었으면 합니다.

- 송인창

차례

1장. 살결을 스친, 자존감의 이야기

우린 휘둘릴 존재가 아니니까	18
도전과 실패, 그리고 포기	20
어느, 기차역에서	22
가끔은 노력도 배신을 하더라	24
거짓말	26
짙은 어둠을 걷고 있을 때	29
생각 없이 살아갈 때	31
그런 척, 해왔던 것들	33
안식처	35
눈물	37
평범한 게 참 어렵더라	39
호구	41
내면을 끄집어내는 것	44
색깔	46
내가 태어난 날	48
감사	50
기절	52

"이젠, 넘어지는 게 익숙해"

아르바이트	54
일기장	56
손으로 꾹꾹 눌러쓴 문장의 힘	58
새벽	60
가로등	62
목욕탕	64
별	66
악	68
냄새	70
실수	72
성장	74
힘들었던 순간	76

차례

2장. 우리의 농도, 관계의 깊이

엄마이기 전엔 여자더라	80
내 울타리	82
담담한 친구	84
관계엔 끝이 있기에	86
곁을 맴도는 사람	88
나는 또 비교 대상이야	90
착하게만 살지 못하겠어	92
난 나를 모르겠어	94
만족의 크기	96
복수를 마음먹었을 때	98
방향성을 잡아주는 사람	100
신뢰했던 사람	102
사랑이란, 그림자	104
노부부의 그림	106
나를 숨기려 해	108
책	110
혼자가 익숙해졌어	112

"관계라는 블랙홀에 빠져 버렸어"

관계의 깊이	114
자전거를 타는 두 소년	116
정체기	118
울리는 메시지	120
위로	122
관계의 두 얼굴	124
친구	126
늘 나만 진심이었지	128
인맥을 좁혀 가는 중입니다.	130
멀어지고 싶은 사람	132
전화 한 통, 그림자	134

차례

3장. 점점 올라가는 단단함의 강도

멍	138
러닝	140
산책	142
혼자가 편해진 나	144
나무	146
여행	148
비	150
어류	152
몇 살	154
고맙다는 말 한마디	156
과속방지턱	158
아인슈페너	160
각자 다른 출발선	162
친구	164
어여쁜 네 이름처럼	166
사랑하는 사람에게	168
작은 무대	170

"겪어보니 솜방망이더라"

청춘	172
좋아서, 미운 사이	174
단단한 사람	176
아낀다는 건	178
막상 하려니 막막해	180

나를 사랑할 줄 몰라서

어두웠던 앞길

뒤돌아보니 밝기만 하더라

1장.

살결을 스친, 자존감의 이야기

우린 휘둘릴 존재가 아니니까

인간은 태어나 경험하고, 배우며 살아간다.

대부분 자라난 환경이라는 울타리 안에서
성장하는 게 다수이지만,
사람들은 반복되는 하루에
사소한 배움을 느끼지 못한다.

매일 같이 반복되는 하루에
결국 지칠 수밖에 없는 사실이
나만 그런 게 아니라 당연하며
때론, 가끔 아닌 척하기도 한다.

우리가 보는 건 타인의 내면이 아닌 외면.
겉모습을 보고 판단하고 비교하기 때문에
남들이 예쁘고, 멋있는 모습을 보는 동시에
부러움이라는 감정이 찾아온다.

나도 열심히 사는 것 같은데
같은 노력, 혹은 더 많은
노력을 쏟는 것 같은데
결과는 왜 남들보다 미흡할까.

지친 사회라는 썩은 물이 담긴 꽃병에
나라는 꽃이 꽂혀있다면
물을 갈아주는 연습이 필요하다.

우리는 우리의 삶을 살아야 한다.

내가 힘들면 쉬어가면 되고,
슬프면 펑펑 울어도 되고,
삶을 살아가는데 남의 눈치는
보지 말았으면 좋겠다.

우린 타인에게 휘둘릴 존재가 아니니까.

도전과 실패, 그리고 포기

세월이 흐르는 과정 중에
잊지 못하는 순간들이 있다.

'도전, 실패, 포기, 환희, 감격, 슬픔'

어렴풋이 기억나는 유년기.
생생하게 기억나는 청소년기.

나는 인생의 절반이 넘는 12년이라는 시간 동안
태권도만 바라보며 도전과 실패를 반복했다.

힘들어도 행복했고, 쓰러져도 다시 일어났고,
그럼에도 무엇보다 태권도가 너무 좋았다.

거칠고 빳빳했던 도복이 세월이 지나 해져
부드러운 살결처럼 느껴졌다.

우리는 하나의 도복처럼 계속 닳고
현재에 삶에 익숙해져 지치고 힘들어한다.

영원히 도복만 입을 것 같던 내가
포기를 마음먹었을 때의 심정은,

지름길이라고 확신을 가지고 걷다
알고 보니, 미로 안에 갇혀버린 기분이었다.

그동안 운동하며 흘린 땀들이
앞으로 살아가며 흘릴 눈물처럼 느껴졌고,

승급의 최대치인 검은 띠가
앞날을 가로막는 암막 커튼처럼 느껴졌다.

별것도 아닌 일에 무너지지 않기를.

어느, 기차역에서

달리던 만석 기차에 탑승해
편히 앉아 가는 자리가 아닌,
자리가 없어 일어서서 가는
입석을 타고 가고 있었다.

좁은 통로 사이에
나의 눈에 들어온 것이 있었다.

각종 풀냄새가 폴폴 나는 야채와 나물을
검정 봉투에 넣어 손에 꽉 쥐고 계시던 할머니.
새로운 생명의 탄생을 기다리던 젊은 임산부.

앉아 계시던 할머니께서 자리에서 일어나
젊은 임산부에게 자리를 양보하시는 걸 보고

그간 힘겹게 걸어오신 길을
다시 뒤돌아서서 보시는 느낌이었다.

얼마나 힘든지 알기에,
얼마나 불편한지 알기에,

이처럼 우린 각자의 삶을 살아가고 있지만,
우리들의 삶은 전부 연결되어 있으니

힘겹게 걸어온 울퉁불퉁한 길들이
절대로 헛되지 않았다는 걸 알았으면 한다.

가끔은 노력도 배신을 하더라

누구나 무언걸 얻기 위해 노력을 한다.

축구 골대에 골을 넣으려 했지만 넣지 못했을 때,
원하는 대학에 진학을 못 했을 때,
자신에게 실망감을 느끼는 경우가 많다.

통상, 우리는
좋아하는 일엔 큰 노력을
싫어하는 일엔 적은 노력을
혹은, 노력 자체를 안 하기도 한다.

12년 전, 나는 초등학교를 대표하는 육상부였다.

육상 대회를 위해서 아침 일찍 학교에 나와
체육관을 빙빙 돌며 매일 이슬 같은 땀을 흘렸다.

일 등을 하기 위해서 큰 노력을 했지만,
결과는 등수 안에도 들지 못했다.

나는 학교에서는 제일 잘 뛰는 남자아이인데
대회를 나가니 비교하지 못할 친구들이 많았다.

정말 분했다.
어린 마음에 내 자신에게
배신 당한 기분이었고,

짙게 느낀 패배감에
두 번 다시는 도전하지 못할 것 같았다.

지금 와서 생각을 해 보면 우리는
너무 결과에 집착했다.

빠르게 달리기를 할 때 숨이 가빠와
숨소리가 커져 호흡법을 배우는 것처럼

나의 속도와 호흡법이 있다는 것을.

거짓말

뛰어노는 걸 좋아하고,
공놀이를 좋아하고,
활동적인 걸 좋아하는 초등학생.

태권도장을 다니던 '나' 본인이다.

그날은 친구들과 놀고 싶어
유독, 태권도장을 가기 싫은 날이었다.

나는 태권도 관장님께 아프다고
거짓말을 하고 놀이터에서 놀고 있었다.

우연히 지나가는 노란 차량을 운전하시던 관장님과
우연히 눈이 마주쳐

'얼마나 혼날까' 하며 걱정되는 어린 마음으로
가득한 채 태권도장 사무실에 들어갔다.

호되게 혼날 것 같던, 싸늘한 공기 속
관장님은 말했다.

"관장님은 나가 있을 테니 부모님께 전화해서
어떤 마음으로 거짓말을 했고,
지금은 무슨 상황인지 설명해드려."

어린 마음인지 눈물이 쏟아져 나왔다.

왜 거짓말을 했을까.
후회가 몰려오고 너무 죄송스러웠다.

우리는 곁에 있는 소중한 사람들에게도
거짓말을 할 수 있지만,

결국 그 행위는 나 자신을 속인다는 것,
주변 사람에게 신뢰를 잃는다는 것이다.

우리는 같이 살아가는 공동체이기 때문에
절대 혼자서 살아갈 수 없다는 것을,

우리, 속이지 말고, 속지 말고
나 자신을 받아들이기로 하자.

짙은 어둠을 걷고 있을 때

탈 없이 흘러가듯 하루가 지나간다.
무관심 속에서 삶을 홀로 걷고 있다는 느낌.

이리저리 부딪치며 살아온 '나'라는 존재가
짙은 어둠 속에 갇혀 쓸모없다는 느낌을 받았다면
큰 오해를 하고 있다.

어둠이 짙어 앞이 안 보일 땐
우리는 걷기 위해 랜턴을 찾는다.

캄캄한 어둠 속에 밝은 랜턴을 비추는 곳에만
길이 보이고, 비추지 않는 곳은 그대로 어둠이지만

때론, 마음 편히 어딘지도 모르게 걷는
어둠 속의 길이 편하게 느껴질 때도 있다.

우린 매번 밝은 곳으로 걸음을 옮기려 한다.
하지만, 밝음 뒤에도 어둠이 찾아올 수 있는 법이다.

생각 없이 살아갈 때

미래를 걱정하지 않고,
친구들과 손에 흙을 잔뜩 묻히며,

놀이터에서 엄마의 저녁밥을 기다리던
어렴풋이 기억나는 그날,

아무 걱정 없이 살아갈 때가 좋았다.

진로에 대한 집착도,
관계에 대한 지침도 존재하지 않아
몸도, 마음도 편했던 순간들이 그립다.

영문도 모른 채 쫓기는 느낌을 받기도 싫고
세상이 싫음투성이 일 때 왜 나는
자신을 한 구석으로 내몰까.

'잘해야 된다고', '해내야 된다고' 압박하며
삶에 지친 나를 한 모퉁이로 너무 내몰지 말고,

좋은 날이 있으면 좋지 않은 날도 있듯,
좋지 않은 날도 같이 받아들이는 것은 어떨까.

기수들은 결승선 앞에서 경주마에게
채찍질을 쉬지 않고 매질을 하지만
사실 효과는 없다고 한다.

우리는 그저, 남들이 다 하는 행동을 따를 뿐.

내가 원치 않는 채찍질은
그저 고통만 남길 뿐이다.

자신에게 굳이 채찍질하지 않아도
일 등하는 경주마가 될 수 있다.

'우리, 일등 한번 해 보자'

그런 척, 해왔던 것들

슬프지만,
슬프지 않은 척했고

화나지만,
화나지 않은 척했고

기쁘지만,
기쁘지 않은 척 해왔다.

믿을 수 없는 거짓 세상.

나를 위해주는 상대방에게 척을 했고,
나를 위해주는 나에게도 척을 한다.

세상은 많은 척으로 이루어져
끝없는 물음표를 던지니

거짓 없는,
우리의 내면을 그대로 표현하는 건 어떤가.

단순 물음표와 마침표의 공존이 아닌
척하지 않는 한 문장이 필요하다.

그 문장들이 지친 우리를 위한
추진력이 되어줄 것이니,
내가 나를 속이지 않는 하루가 되었으면.

안식처

누구나 언젠간 지친다.
지치지 않는 사람은 없다.

우리는 지쳐, 무기력할 때
안식처를 찾게 된다.

어떤 이는 여행을 가고,
어떤 이는 책을 읽고,
어떤 이는 야식을 먹는다.

각자, 안식처가 다른 것처럼
각자, 지침의 농도도 전부 다르다.

누구는 금방 지치고,
누구는 금방 지치지 않을 수도 있다.

당신의 안식처는 어디인가,
농도는 얼마나 짙은가.

힘듦을 부정하지 말자.
힘듦을 직면한다는 것,
버티는 것, 물론 필요하지만

때론
나의 안식처가 나를 기다린다는 것을.

눈물

바람이 선선하게 불던 새벽,
생각을 잠시 비우려 길을 걷던 도중이었다.

가로수 밑에 기대, 앳돼 보이는 여성이
쪼그려 앉은 채로, 펑펑 울고 있었다.

마치 태권도 겨루기 경기가 끝난 후.
집에서 혼자 울던, 나를 보는 것 같았다.

이름 모를 이유일지라도
그 사람을 위로할 생각도,
다가갈 엄두도 나지 않았다.

혼자 시간을 갖는 것이
슬픔을 끝까지 받아들이는 것 아닐까.
나는 무심한 듯 지나쳤다.

혼자 우는 것,
아무도 듣고, 보지도 못하는 곳에서
울고 싶을 때가 있다.

내 감정의 민낯을 들어낸다는 것이
결코, 쉽지만은 않은 일이기 때문에
수많은 사람들이 속병을 앓는다.

울어도 좋다.
그 누구도 뭐라고 할 사람도 없고,

내 감정에 솔직하다는 건
정말 어려운 일이니까.

눈물엔 기준이 없기에
힘들면 기대고,
슬프면 울고,
울분을 토해도 된다.

평범한 게 참 어렵더라

평범한 게 참 어렵더라.

대학을 가고,
좋은 직장을 가고,
좋은 사람과 결혼해

행복한 가정을 이뤄
예쁜 아기를 낳고,
먹고, 자고, 놀다 늙어 죽는 것.

말로는 참 쉽다.

누구나 위기는 찾아오고,
그걸 극복하기 위해 발버둥을 친다.

아무것도 이루지 못한 나 자신이
쑥스럽고, 철없고, 한심하게 느껴질 때

그런 생각이 드는 것,
미래를 생각하는 것,
그 자체가 노력이다.

비난이 몰아치고 아픔과 슬픔이 닥치는 것,
그게 바로 평범이다.

평범한 게 참 어렵다는 것,
사실, 어렵다는 건 평범하다는 것이다.

호구

나는 착한 호구였다.
누구한테도 밉보이기 싫어,
상처받는 말을 들어도 그저 웃어넘길 뿐이었다.

밝게 웃으며 시간이 지나다 보면
사람들은 날 좋게 생각할 거라고
단단한 착각을 하고 있었다.

화내는 방법을 까먹을 정도로
나는 항상 웃는 사람이었다.

점점 정도가 심해지는 게 느껴져
밝은 미소 속 안으론 어둠이 찾아오고,

'밝은 사람' 이미지를 얻어
때론, 좋은 경우도 있지만
시간이 지날수록 억지 미소가 자동으로 나왔다.

어느 순간 무시 받는 것 같던 의문이
확신이 되어 갔고,

모두 좋았으면 했던 미소가
나를 향해 비웃고 있었다.

거절도 잘하지 못해,
내가 손해를 봐서라도
부탁을 들어주는 경우가 다반사였다.

나는 무너지기 직전
벼랑 끝에서 단호해지기로 결심했다.

단단하지만 날카롭지는 않은 사람,
적절한 선이 있는 사람,

똑딱 소리를 내는 시계와 함께
매일 단단해지는 연습을 하기로 하자.

하나뿐인 소중한 '나'를 위해
착한 호구가 되지 않기를.

내면을 끄집어내는 것

누구나 말 못할 비밀과 고민이 있다.
숨기려 하지 않으려 해도
숨기게 되는 것들,
또 혼자 삭히게 되는 것들.

수능을 보기 위해
월급을 받기 위해
보이지 않는 과정들이 존재한다.

우리는 이 과정에서 의구심을 품는다.
잘하고 있는지, 옳은 길인지.

자신에게 의구심을 갖는다는 것,
나를 사랑할 줄 안다는 것이다.

자기소개도 잘하지 못하는 것이
사실인 요즘, 오직 나를 위한 과정들은 무엇일까.

사람들은 스펙으로 날 판단한다.
그러기에, 스펙으로 나 자신도, 나를 판단한다.

나는 무엇을 위해서 살아가는가,
나는 어떤 삶을 살고 싶은가.

보이는데
나는 어떤 초점에 맞추어 살고 있는가,

한구석에 숨어있는
나의 비밀과 고민을 들여다볼 수 있는
능력은 누구나 가질 수 있다.

당신도 할 수 있다.

나 자신을 알아가는 일
그게 우선이다.

색깔

음식을 좋아하는 나는
요식업을 종사 중인 분과 같이
식사를 하러 간 적이 있다.

시끌벅적한 가게에
발을 들이고, 테이블에 앉는 순간
지인 분은 테이블 개수, 메뉴, 가격을 보고
나는 어떤 음식이 맛있는지 메뉴판만
뚫어져라 쳐다보았다.

같은 공간에서 다른 관점을 보고 있던 것이다.

그릇을 제조하시는 분은 그릇을 위주로,
인테리어 하시는 분은 자재, 비용을 볼 것이다.

이처럼 우리는
공간, 공기, 환경이 같아도
각각 다른 관점을 가지고 있다.

오직 본인만의 관점이고
나의 색깔인 것이다.

파란색이어도 좋고,
빨간색이어도 좋다.

색이 섞여도 좋고,
단색이어도 좋으니

나를 나타내는 색깔로
살아갔으면 한다.

어떤 색깔이든
조화를 이룰 수 있는 아름다운 색깔이기에.

내가 태어난 날

단 한 번뿐인 인생에
가장 소중한 날.
생일이다.

생일은 나라는 존재가
태어났음을 축복받는 날이다

소원을 빌며, 초에 붙은
불꽃을 '후-' 불어 끈다.

미역국도 먹고, 선물도 받고,
이상하게도 사람들은 내가 태어난 날을 축복한다.

친구에게 물은 적이 있다.
"내 생일은 왜 축하해줘?"

돌아온 답변은

"그냥 너 태어난 날이니까 축하해 주는 거지."

그렇다.
우리는 태어난 것, 자체로 축복받을 일이다.

나 자신도 나를 축하해 주자.
나를 가장 사랑하는 건 나 자신이기에.

감사

아침에 눈을 떴음에 감사하다.

코로 냄새를 맡고 눈으로 보이는
음식의 맛을 느낄 수 있는 것에
세상이 온통 감사함뿐이다.

슬프고, 즐겁고, 괴롭고, 우울하다는 것,
감정을 느낄 수 있는 것에 감사하다.

지금 당장 주변을 돌아봐도
감사한 것투성이다.

우리는 이렇게 감사함을 잊고 산다.

내가 배부를 수 있는 것,
넓은 바다를 볼 수 있는 것,
전부 잊고 산다.

내가 흘렸던 눈물을
잊고 있는가.

우린 아픈 기억들이
부메랑처럼 다시 돌아와
나를 공격한다.

난 나에게 무너지고
나로서 다시 일어나는 삶,
지겹지만 반복되는 일상.

지겹고 아픈 기억들을 뒤로한 채
당장 앞에 있는 것들에 감사하자.

기절

교복보다 오랜 기간 입었던
태권도복을 입고서

겨루기 대회를 준비하다 발차기 한 방에
턱을 맞아 기절한 적이 있었다.

눈을 뜨고,
불과 몇 초밖에 지나지 않았는데
기억이 나지 않았다.

순간 너무 무서웠고
내가 왜 쓰러져 있는지,
남들은 왜 걱정하고 있는지도 그냥 멍했다.

시간이 지나
내가 기절을 했었다는 얘기를 듣고서
정말 허무하다는 생각이 들었다.

아직까지도 기절하기 직전이
생각이 나질 않는다는 게
신기하기도 하지만 억울하기도 하다.

우리는 현재를 지나 기억 속에 살아간다.

사소한 기억들이 사라진다는 것이
얼마나 소중한 기억들인지 와 닿았다.

지금 내가 내뱉고 있는
말투.

지금 내가 하고 있는
행동.

지금 내가 느끼고 있는
공기.

내 소중한 기억 자산들이다.

아르바이트

기름 냄새로 뒤덮인 나.
아르바이트가 끝나 기진맥진,
적적한 마음으로 발걸음을 집으로 옮긴다.

처진 고개를 들어 올리니
오늘따라 유독 밝아 보이는 아파트.

불빛이 켜진 집,
불빛이 꺼진 집,
완성되지 않은 퍼즐 같다.

전부 환하게 불빛이 켜져 있고,
전부 어둡게 불빛이 꺼져 있을
확률은 얼마나 될까.

누군가는 나와 같은 삶을,
누군가는 나보다 어려운 삶을,
누군가는 나보다 호화로운 삶을.
아파트만 보아도 다양한 사람들이
복잡한 세상을 살아간다.

나도 그 퍼즐 조각 중 하나다.

맞춰지지 않는 퍼즐에
우리, 꿰맞추려 애쓰지 말자.

각자의 생활이 있고,
각자의 이유가 있고,
각자의 풀어나갈 사정이 있는 것처럼

우리는 우리의 삶을 이어 나가길 바란다.
정답은 없다.

나의 삶을 살아가는 것,
그뿐이다.

일기장

일기장, 일상을 기록하는 것,
누구에게도 보여주지 않고
오로지 나의 관점에서 바라보며 적는 글이다.

직관적인 사실 그대로 적지만,
억울해서 미치겠고, 화가 나서 분통 나는 일엔
일기장마저 거짓으로 써 내릴 때가 있다.

오로지 나를 위한 일기장인데,

말로 내뱉지도 못한 감정들을
글로 표현을 못 할 때가 너무 많다.

혹여나 누군가 이 글을 봤을 때,
나를 미워할까, 증오할까,
불안 속에 살아가는 삶.

말하지 않아도 누군가는 나의 노력이
헛되지 않았다는 사실을 알아주기 위해서일까.

정답이 없는 세상,
답도 없는 것 같은 인생,
같이 흘려보내 주기로 하자.

내가 결정하고, 선택하는 건
그 자체로 가치 있는 일이니까.

노력이 있기에, 선택이 있고
선택이 있기에, 결과가 있고,
결과가 있기에, 성장이 있다.

만약, 후회가 되어도 그 과정에서
우린 배움을 얻고 더욱더 단단해지는 길이니

단단한 내면을 채워가기로 하자.

손으로 꾹꾹 눌러쓴 문장의 힘

소중한 생명으로 태어나
지구가 준 선물 중 하나.

누구에게나 공평하게 주어지지만
농도, 깊이, 가치가 다른 '시간'이다.

유독 나의 시간은 그저 가치 없이 소비만 되는 걸까.
잘 살려고 노력했던 노력들이 허무하고, 비참하니.

시간에 쫓겨 다니며
자신을 억압하고 있는 건 아닐까.
혹은, 나를 너무 얄팍하게 만드는 거 아닐까.

지치는 것도 지치는 요즘,
손으로 꾹꾹 눌러쓴 문장들로
조금이나마 도움이 되어드리고 싶다.

우리, 너무 잘하고 있고
무엇을 한다는 것,

물음표를 답장하기 위해 노력하는 있다는 건
그 자체로 잘 살고 있다는 뜻이다.

그냥 모르겠고, 공허할 때
손으로 꾹꾹 눌러쓴 문장을 만들어보자.

오직 '나 자신을 위해서'

새벽

새벽이 되면,
새벽 공기와 한 몸이 되어간다.

늦은 시간을 기다리는 것,
원하는 시간대에 빠져드는 것.

오로지 나에게 집중 할 수 있는 시간이다.

가끔 내면에 깊게 빠져
어딘지도 모르는 깊숙한 곳에
숨이 턱 막혀, 살려달라고 애원하지만

끝내 그 감정이 죽어 내 몸속에 축적되기도,
쌓여가는 죽은 감정들이 나를 괴롭히기도 한다.

살아있지 않은 감정과 다시 다툰다는 건
나를 부정하며, 나와 다시 다툰다는 말과 동일하다.

나를 이해하는 나를 만들고,
너그러운 마음으로 받아들이는 연습이
반복되는 새벽이다.

가로등

우리는 위해서, 살아 숨 쉰다.
나를 위해서, 가족을 위해서, 친구를 위해서.

어두운 길거리,
잘 걷기 위해 밝은 불빛을 선뜻 내준다.

매일 불빛을 내주는 가로등이
오늘따라 더욱 고맙게만 느껴지는 하루다.

노력에 비해서 결과가 나오지 않고
성취보단 성과를 중요시하는
참 어렵고 더러운 세상에

나를 위해주는 받침 중,
하나가 되어주는 것 같다.

여러 개의 가로등,
혹은 단 하나의 가로등이 나를 비춘다.
지치고 무기력할 때,

이처럼 누군가는 나를 비춰주고 있음을,
앞에서 빛을 비춰주려 기다리고 있음을,

힘들어도, 지쳐도,
뒤를 다시 걸어도, 멈춰서도,

어디서든 우릴 비추고 있음을
잊지 않았으면 한다.

목욕탕

다 컸다는 어른.
20살이 넘어서 아빠와 목욕탕을 간 지 2년이 넘었다.

괜히 그날따라 투정 부렸던 그 날,
아빠와 단둘이 목욕탕으로 향했다.

바깥공기가 추워서 그런지
온탕은 나를 품어주듯 안정감 있게 따뜻했다.

평소, 말이 자주 오고 가는
부자는 아니었지만,

따뜻한 온탕에 들어가 있는 동안
더더욱 정말 아무 말도 없이,
그저, 서로 멍만 때리며 앉아 있었다.

시간이 조금만 지나도
뜨겁다며, 덥다며, 금방 나와 버리던 나도
그날만큼은 묵묵하게 버텨졌다.
문장으로 표현할 수 없는 이상한 감정.

우리가 느끼는 많은 감정들,
문장으로도 표현이 안 되며
어렵고, 복잡하고, 모르겠다.

나는 굳이 알려 하지 않았다.
모르겠는 그 감정의 선이
다치는 모습을 볼 수 없었고,

알 수 없는 그 감정,
하나하나 소중하다는 건 알고 있으니.

별

밤하늘에 빛나는
각각 크기가 다른 별들을 보며,

별들은 크기도,
빛을 내는 세기도 다르지만

서로 조화를 이루고 별자리를 만들어
밤하늘을 빛나게 만들어준다.

한없이 작은 별들도
눈으론 보이지 않아도,

모든 별들은
결국, 빛나고 있음을 알았으면 한다.

정말 작은 온점 같은 별들이 있기에
큰 별들이 있는 것이고

별들도 조화를 이뤄야 별자리가 생기듯

우리도 회피하지 않아야 서로 빛나는 존재임을
비로소 알 수 있기에.

악

속이 아닌 겉만 중요시하는 사람들과 어울릴 때
나를 힘들게 했던 일들이 많았다.

우리는 전부 속을 감추며 살아가는 것이
습관이자, 당연한 것이 되어버렸다.

생각해 보면 참 웃기기도 하다.

인간의 본성은 '악'을 가지고 태어난다고 하는데,
살다 보면 그것을 누가 더 잘 감추는지

양심의 가책을 느끼는 크기에 따라
다르기도 한 것 같다.

한 치 앞도 알 수 없는 세상 속을 붐비며
우리는 오늘도 살아가는 것,
힘내라고, 잘하고 있다고 말 한마디 건네주고 싶다.

나쁜 마음이 나를 흔드는 경우가 많다는 건
내가 나빠서가 아니라 인간은 원래 그렇다는 것을,

답답한 베일에 감싸진 삶이
가끔은 나를 보호해 준다는 것을
잊지 않았으면 한다.

'악'을 감싸며 살아가는 것,
질긴 막창을 입에 물고 있는 듯하다.

질긴 것을 알아도 삼킬 때까지
뱉지 못하는 나처럼.

냄새

스쳐 지나가는 많은 냄새들,
우리는 각자마다 향이 있다.

꿀벌이 금방이라도 앉을 것 같은 꽃향기,
땀에 흠뻑 젖은 옷에 나는 땀 냄새.

많은 냄새와 향들은
서로 뒤엉키고 섞인다.

사람 냄새는 변하지 않지만,
향으로 잠시 덮을 수는 있다.

지금, 당신의 향은 어떤 향을 내는가.

그 향이 사람 냄새를 막고 있어,
감추는 것도, 티내지 않는 것도 지겨우니
유연하게 나 자신을 보여줬으면 한다.

향으로 뒤덮인 사람 냄새 말고,
사람 냄새로 뒤덮인 향기로.

실수

실수를 하지 않는 하루가 있다 한들,
다시 하루를 보낼 수 있다면
나는 그보다 더 나은 하루를 살 수 있을까.

매일, 그 누구도 예상치 못하는 하루가 흘러가기에
우리는 항상 불안함을 안고 살아간다.

어제는 아쉽고,
오늘은 모르며,
내일은 불안한 삶.
무한굴레를 돌고 있는 실험처럼,
난 오늘도 살았다.

완벽에 가깝고 싶었다.
아니, 완벽하고 싶었다.

완벽이란 강박이 나를 조여 왔고,
그 조임이 나를 억눌렀다.

주변을 둘러대며 오늘도 어김없이 난
핑곗거리를 찾았고,
나의 실수를 숨기느라 바빴다.

시간이 지날수록 한없이 작아지는 것,
나를 잃어간다는 것이었다.

'나'라는 사람의 지름길은
나만 알기에,

실수라고 생각했던 모든 일들이
결국은, 길을 찾게 해줬음을

우리는,
절대 잊지 말아야 한다.

성장

신장, 손, 발 사이즈는
어느 순간에 정체된다.

옅게 생각나는 흐릿한 기억들,
무럭무럭 자랄 땐
마냥 좋았다.

약했던 뼈들은
자리를 잡아갔고,

걱정 없던 어린 시절은
자리를 잃어갔다.

신체의 성장이 멈춤과 동시
나도 굳어지는 중이었다.

나는 더 작아질 수도,
더 커질 수도 없다.

작아지고 싶지 않은데,
점점 줄어드는 내가
안쓰럽기만 하다.

그렇다고
커지는 걸 바라진 않는다.

현재에 만족하고
만족한 현재가 영원했으면 하는 걸 바라지.

힘들었던 순간

무너지고, 아무도 없는 곳에서
눈물을 쏟아 내고 싶었던 순간,
나는 나를 진정시켜주길 바라고 있었다.

어른이 됨과 상관없이
우리는 힘듦에 매일 직면한다.

살아가며,
그간 걸어온 길들을 돌아보면

애석하게도,
울퉁불퉁하지만

지금을 포함해
힘겹게, 열심히 걸어온 울퉁불퉁한 길들이
절대로 헛되지 않았다는 걸 알았으면 한다.

아무 일도 일어나지 않는 직선인 삶보단,
우여곡절이 많은 곡선이

한편으론
우릴 더 나은 삶으로 이어주기 마련이니.

얕은 줄 알았던 수심이

끝도 없이 깊은 걸 알았을 땐

가라앉기만 하더라

2장.

우리의 농도, 관계의 깊이

엄마이기 전엔 여자더라

부탁은 거절되는 일이
손에 꼽았고,

남들에겐 고마운 일들이
당연하게만 여겨졌다.

내 뜻대로 되지 않을 때
인상을 찌푸려 생긴 이마의 주름이
그녀의 손에 축적되어 갔다.

향기로운 꽃향기에 매료되어
잠시나마 행복해하는 모습에
그녀도 아니, 엄마도 여자구나.
깊은 생각을 하게 만들었다.

예쁘고, 아름다운 것을 좋아하는
그녀가 앞으로는 누군가의 어머니가 아닌,

그저, 꽃향기를 좋아하는 꿀벌처럼 살아갔으면.

내 울타리

우리는 착각한다.

울타리 안에 들어온 사람들은
떠나가지 않을 것이라고.

하지만,
많은 사람들을 잃고도 얻는 것이
관계의 반복 순환이다.

잃기 직전까지는 아무도 알지 못한다.
사람을 잃는 것이 아닌
나를 잃어가는 과정인 것을,

다가와 주고, 사람들이 떠나갈 때.

우린, 생각해야 한다.

그때, 당시
그대들이 있었기에 그때를 보냈고,

그때가 있기에
지금이 있으니,

내 울타리를 박차고 나가더라도,
행복을 가다듬고

슬픔도 머금을 줄 알았으면 하는 바람이다.

담담한 친구

한창 밝고 꽃다운 나이,
교복을 입고 있었던 학생.

무너지지 않을 것 같던 기둥이
별이 되었다.

검정, 흰색으로 채워진
친구의 복장.

울음소리가 가득한 그 장소를
굳건하게 자리를 지켜냈다.

담담했던 친구,
그 눈빛은 글로 표현할 수 없다.

문학으로 표현이 불가능한
감정은 나를 고장나게 만들었다.

담담한 친구를
그저, 안아주고 곁을 지켜주는 게
아름다운 별자리를 만들 수 있지 않을까.

관계엔 끝이 있기에

관계엔 결국 끝이 있어,
그리 노력하지 않았다.

금방이라도 떠나갈 생각에
잘 챙겨주지도 않았고,

떠나가지 않는다한들,
언젠간 떠나가기에 힘을 쏟지 않았다.

남는 게 없어,
관계라는 것에 그 무엇도 얻지 못하였다.

알게 모르게 스쳐 지나간 모든 이들이
지금의 나를 만들었다는 사실을 깨우쳤을 땐.

살결을 훑어 지나간 모든 인연들이
소중하고 감사한 존재들이었다.

관계의 길이와 그 농도는,
매번 다르기에 임의로 측정하지 않았으면.

곁을 맴도는 사람

과육을 감싸주는 껍질이 있듯,
나를 감싸주는 사람이 있다.

때론, 과육이 되기도
껍질이 되기도 하지만

하나의 과일이 되기 위해선
많은 상처를 입기 마련이다.

나에게 다가와 주는 사람에게
마음을 선뜻 열어주고,

마음을 열어주는 사람에게
선뜻 다가가 주는 것이
그리 어렵기만 하다.

마음이 맞지 않는 사람은
굳이 맞추어 갈 필요 없으니

마음의 결이 맞는 사람과
달콤한 과일을 만들었으면 한다.

내 곁을 맴돌 수 있는
소중한 사람.

나는 또 비교 대상이야

학교생활, 직장생활,
사회생활을 하다 보면

정말 많은 사람들과
비교를 당한다.

거짓말 같이 전부
나보다 더 뛰어난 사람과 비교당하기 마련이다.

잘난 사람이 수두룩한 경쟁사회 속,
제대로 숨을 쉬어 본 적이 드물기만하다.

숨이 가빠와 숨 쉴
숨통 구멍 하나 찾기 힘든 요즘에

악착같이 살고 있는 네가
그저 대견하기만 하다.

착하게만 살지 못하겠어

'너 되게 착하다'를 들으면
되게 잘 사는 인생인 줄 알았다.

내가 한 번 꾹 눌러 참으면
서로의 관계는 나아질 것 같았고,

상대가 무안해지는 것 보단
나를 한 번 낮추는 게
관계를 위한 최선인 줄 알았다.

나는 당연하게 착한 놈이 되어 버렸고,
진정성을 잃은 내가 감정선 없이
상대를 대했다.

서로 웃기 위해 시작했던 억누름은
한 사람, 한 사람에게 눌려
완전히 억압되어 가는 중이었다.

착하게만 살아가려다
만만한 사람이 되고,

누군가의 칭찬을 받으려
호의를 베풀고,

무엇을 원해서
도움을 주는 게 아니니,

너무 착하게만은 살지 않았으면.

난 나를 모르겠어

인관관계로 지치지만
나와의 관계에서도 지친다.

너그럽게 나를 먼저 넘겨줘야
마음이 선뜻 나가고,
상대방과도 관계를 이어 나가지만

난 나의 대한 기준이 높은 것인지,
나에게는 참 관대하지 않다.

물어볼 사람도 없다.
결국, 가장 잘 아는 사람은
나 자신이기에,

답답한 마음으로
매일 하루를 살아가지만

타인의 이미지속 안에 갇혀
살아가지 않았으면 한다.

나는 나일 때, 가장 아름답고,
빛이 나는 존재이기에.

만족의 크기

모든 사람에게 만족을 시킨다는 건
불가능하다.

모든 사람에게 세계에서
가장 맛있는 음식을 하나 선정해 주어도
전부, 입맛엔 맞지 않는다.

이처럼 나를 싫어하는 한 명, 두 명이다.
소수인 사람들 때문에
힘들어 하지 않았으면 좋겠다.

우리는 누군가에게 만족을 주려
약속에 나가고, 관계를 이어 나가는 것이 아니니
만족의 크기를 낮추었으면 한다.

살아온 환경이 각각 다르니
표현의 방식도 각각 다를 수밖에 없다.

내가 아무렇지 않게 여기면
상대도 아무렇지 않은 것처럼,

맞지 않는 퍼즐 조각을
억지로 끼워 맞추려 노력하지 않아도 된다.

나와 가치관이 비슷한
사람들과 살아가면 되는 것이지.

복수를 마음먹었을 때

이리저리 치이는 인생,
살다 보면 굴욕을 당했다고 생각할 때가 찾아온다.

그때, 대부분의 사람들은
나와 똑같은 기분을 느끼기 바라며
복수를 시도하기도 한다.

복수를 마음먹은 순간,
시야가 한 곳으로 쏟아져
굉장히 좁아지기 마련이다.

상대방을 이기려 드는 게,
때론, 필요하지만

상대방을 이기는 최고의 복수는
외면이 아닌 나의 내면을 키워
능력으로 눌러주는 것이다.

상대방에게 내가 잘사는 모습을
보여주기 위함이 아닌,

그들은
내가 이렇게 되기 위한
발판, 계단이 되어줬음을.

방향성을 잡아주는 사람

나침반이 고장나 헤맬 때,
방향성을 잡아주는 사람.

가족, 친구,
동생이 될 수도 있다.

거대한 바람,
거센 비를 맞으며
한 걸음 내딛는 나에게
길잡이가 되어주는 사람.

길을 잘못 안내한다면
뒤따라가는 사람이 슬피 울듯,

위험을 감수하고
같이 내딛는 사람이 너무 고맙기만 하다.

언젠간 나도 그런 사람이 될 것이고,
지금도 누군가에겐 그런 사람일 수도 있으니,

혼자 버티지 말고,
서로 의지하며 바른길로 나아갔으면.

신뢰했던 사람

인간관계에 있어
가장 중요한 것은 '신뢰감'이다.

신뢰가 없다면,
선뜻 손을 내밀지 못할 것이고

믿음이 없다면,
당연히 도움받지 못할 것이다.

깨진 유리창을 붙여도,
깨진 자국들이 남는 것처럼

신뢰가 깨지면,
처음 깨끗했던 거울처럼
돌아가지 못한다.

가끔은, 깨진 유리의 파편들.
그 날에 베이기도 한다.

유리가 깨짐과 동시에
순간적으로 피어오르는 파편들의 반짝임이,
영원할 줄 알았던 찰나의 순간이었나 보다.

사랑이란, 그림자

가장 가까운 사람은
내 곁을 떠나지 않은 거란
강한 확신이 있다.

그러기에 굳이 잡으려
좋은 말보단

더 잘 되었으면 하는 좋지 않은 말이
반자동적으로 나가기도 한다.

가장 가까운 만큼
상처도 입기 쉽다.

잘 되었으면 하는 마음에
툭툭 내뱉지만

가볍게 던진 문장들이,
거리가 짧다고 생각한 사람들에게
상처를 입을 수도 있다는 걸
잊지 않았으면 한다.

정말,
정말 가끔씩이라도
진심을 전달 해 주었으면 한다.

매일,
그 사람도 사랑받고 싶을 터이니.

노부부의 그림

우연히 길을 걷다,
손을 잡고 걸어가시는 노부부를 보았다.

꼭 붙잡으신 손엔
같이 지내신 세월만큼 주름이 가득했다.

연세가 있으셔서 허리가 굽으셨고,
머리카락도 흰색으로 물들어 있었다.

멀리서 지켜보던 나는,
움직이는 그림을 보는 것 같았다.

그저,
너무 두 분이 아름다웠고,

인간관계에 지친 상태인 나에게 산소호흡기가
되어주는 그림이었다.

인생을 살아가며
늙어 변해가는 모습마저
사랑해주는 사람,
한 명이면 족하지 않을까.

눈빛만 보아도 아름다운 한 사람.

나를 숨기려 해

사람에게도 받지 못하던 위로를
인터넷, 책에서 받는 경우가 정말 많다.

무너질 것 같은 마음을
숨기려 애를 써도 마음처럼 쉽지만은 않다.

사람들은,
가려진 예쁜 이름을 뒤로 해야만
빈 댓글 창에 솔직한 심정을 털어 놓는다.

사람들에게 약해 보이기 싫어서,
속 좁아 보이기 싫어서.

저녁에 맥주 한 캔하며
시시콜콜 털어놓을 수 있다면 얼마나 좋을까.

속에서 곯아 간다는 건,
나를 더 조여 가는 행위이기에.

예쁜 이름을 뒤로 하지 말고,
당당하게 털어놓기를.

책

누군가 나를 싫어할 것 같아,
미워할 것 같아,
두려움 속에 살아간다.

나도 누군갈 싫어하듯,
누군가도 나를 싫어하는 건 당연하기도 하다.

모든 사람이 나를
좋아해 줬으면 하는 마음,

나를 희생하면서까지
그들의 만족에 들기 위해 노력했다.

결과를 알고도 매번 지금의
관계가 끊어질까 하며 노심초사하니
끝을 두려워하지 말고,
책을 읽는다고 생각했으면 한다.

책을 읽으며,
울기도, 웃기도, 지식을 쌓기도 하듯

한 장, 한 장
세상에 하나뿐인
나만의 책을 만들어 나가기 위해

오늘도,
읽고, 쓰고, 지우는 날인가 보다.

혼자가 익숙해졌어

혼자가 편해.
그 누구도 만나고 싶지 않다.

만나면 스트레스고,
돈이고, 그저 낭비일 뿐이었으니.

나는 오랜 세월,
애초에 관계에 대한 스트레스가 싫어
시작도 안 했었다.

모니터 앞,
키보드를 두들기며
한숨 소리가 깊어지기도 했지만,

'나는 잘하고 있는 거야'하며
나 자신을 칭찬하기도 했었다.

정신을 차리고 나니
주변엔 정말 아무도 없었다.

사람을 좋아하지만
사람을 믿지는 않기에,

다가가는 방법을 알지 못했고,
이어 나가는 방법도 알지 못했다.

고독이 익숙해진 너에게
작은 마음이라도 들어갈 수 있는
통로를 만들어 주었으면.

관계의 깊이

얕은 관계에서는
거절을 잘하지만

깊은 관계에서는
거절을 하지 못한다.

거절을 하지 않으니
관계가 깊어지고,

결국, 관계가 깊어져
거절을 하지 못하니

방어적으로 관계를 맺어온 사람은
숨이 막힐 뿐이다.

관계는
난로와 같이 지내야 한다는 말이 있듯,

너무 얕게도,
너무 깊게도, 들어가지 않고.

중간 지점인,
적정선이 있는 관계를 지켜 나아갔으면.

자전거를 타는 두 소년

바람이 선선하게 불던 이른 저녁,
신호등 앞 자전거를 타는 두 소년이 보였다.

동생은 자전거 안장 뒤쪽에 걸터앉아
운전하는 형의 허리를 꽉 붙잡고 있었다.

흉흉하고 사건 사고가 넘치는 요즘,
두 소년을 보니 자동으로 미소가 지어졌고,

그렇게 두 소년은
몇백 미터 남짓 안 되는 구간을
반복하며 오고 갔다.

행복한 미소를 지으며
언제든 내 허리를 감싸 줄
사람 한 명 있을까.

흔들리는 자전거에 타
넘어질까 허리를 잡는 아이처럼

흔들리는 힘든 시기에,
무너질까 잡아주는 사람에게
감사함을 전하는 하루가 되었으면.

정체기

쉬지 않고 항상 굴러가던
톱니바퀴,

어떤 걸림돌이 걸렸는지
굴러가지 않는 것 같다.

당장이라도
빼내고 싶지만,

혹여나 망가질까 두려워
쉽사리 건들지 못한다.

세월이 흘러
기름칠도 되어 있지 않은 톱니는
뻑뻑하게만 흘러가는 중이다.

정말 아무것도 하지 못할 것 같던 정체기,

불안을 안고 살아가는
일상은 오늘도 여전하다.

톱니바퀴가 잘 돌지 않더라도,
혹여나 망가지더라도,

톱니가 맞물릴 때
기회를 놓치지 말고 굴려보자.

울리는 메시지

살아가는
많은 사람들 손엔 스마트폰을 쥐고 있다.

업무처리를 하기 위해서,
관계를 이어 나가기 위해,
메신저를 사용하곤 한다.

울리는 소리,

'카톡'

오늘도 눈치 없이
광고 문자가 나에게 안부를 묻는다.

울리는 메시지,
울리는 알림음에
신경 쓰고 싶지 않다.

말로는 참 쉽다.

신경 쓰이지 않는 척하며
신경 쓰지 않는 것.

그저,
온 세상을 무음으로 바꾸고 싶을 뿐이지.

위로

매번,
위로는 건네주었다.

가슴 한구석에 있는 이야기를
나에게 꺼내 준다는 것조차
나는 고마웠다.

딱딱하게 굳은 마음을
유연하게 풀어주기 위해서
얘기를 들어주고, 또 들어주니

어느 날, 문득
내가 풀어나갈 이야기들은
길을 찾지 못해 해맸다.

나의 억울함과 힘듦은 항상,
허공에 둥둥 떠다닐 뿐이었다.

누군가,
잡아주겠지, 잡아줄 거야 하며
오늘도 기다렸다.

이제야 나는 알았다.

용기를 가지고 먼저 내뱉는 사람이
더 이상 기다리지 않는 방법이라고.

관계의 두 얼굴

친구가 고민이 있다며
다른 친구에 관한 부정적인 얘기를 하였다.

다음날,
고민을 들어준 친구가
부정적인 얘기를 한 친구와

서로 웃으며 이야기를 하는 모습을
자주 보곤 한다.

물론, 마음에 들지 않는 사람이라고
단 한 번에 등을 보이는 게 어렵다는 걸
알고 있지만.

여전히 팽팽한 줄다리기를 하고만
있는 것 같아, 어쩔 줄 모르겠다.

나 또한 군더더기 하나 없진 않지만
이러한 관계 속에는

망원경으로 보듯,
멀리하는 게 좋은 것 같다.

친구

친구는 무엇을 정의할까.

내가 힘들 때,
가장 먼저 기댈 수 있는 사람.

가족에게 말하기 전,
힘들 때 가장 먼저 연락하기 좋은 사람.

그런 사람이 친구를 정의할까.

내가 잘하고 있나 무료함이
느껴지기도 하며

반복되는 삶에
무료함이 느껴지기도 한다.

친하다고 생각했어도
오래가지 않는 사람이 있으니

우린, 관계에 대해
너무 목매달지 않았으면 한다.

결국,
남는 사람들은 남기 마련이니.

늘 나만 진심이었지

매사 모든 관계엔 나만 진심이었다.

후회하는 것도,
힘들어하는 것도
모든 걸 짊어지고 갔다.

무언걸 바라며
이어 나가는 관계는 결코, 아니지만

그래도 서운할 때가 있어,
이유 모를 감정이 나를 괴롭힌다.

선풍기 날개가 돌아가는
여름, 새벽.

침대를 뒤척이다
천장을 멍하니 쳐다보았다.

매사 진심이었던 나처럼,
포근하게 덮어주는 이불처럼,
너도 진심이었길 바라는 하루의 마무리다.

인맥을 좁혀 가는 중입니다

내가 모르는 사람들이 날 알고,
내가 아는 사람들이 날 모르는 경우도 있듯,

인간관계는 나도 모르게
계속해서 확장되어 가고 있는 것 같다.

이 넓은 공간을
더 넓혀 가는 것이 아닌,
어떻게 좁혀 가는지가 중요하다.

자신을 속여 가며,
이 사람, 저 사람 맞춰 나가면
누구든 넓은 공간을 만들 수 있다.

하지만, 관리도 안 될 뿐더러
상처만 남기는 경우가 많다.

잘 넓혀 가는 것보단
잘 좁혀 가는 게,
더 힘든 건 당연하다 보니,

지금 네가 힘든 건
잘 좁혀 가는 중이어서 그런 거 아닐까.

멀어지고 싶은 사람

그 사람이 좋아서,
관계를 이어 나가다가

어느, 한 걸림돌에 걸려
멀어지고 싶은 경우가 많다.

요즘 들어
관계의 바퀴 회전수가
참 빠르게만 돌아가니,

갈 길을 잃어,
사람을 얻지도
사랑을 얻지도 못하는 것 같다.

계속되는
헛바퀴질에 지쳐만 간다.

뭐든,
적당히가 좋은 걸까.
기대치가 너무 높은 걸까.

걸림돌이 많은 길인지,
평평한 길인지
걸어 봐야 아는 것처럼.

우린 그저,
경험 지도를 만들어 나간다는 게 아닐까.

전화 한 통, 그림자

고요한 새벽,
조용한 방안.

환한 불빛과 같이
울리는 벨 소리,
친구다.

눈은 반쯤 감은 채로
스피커가 귀에 닿는다.

울먹이는 친구 한 마디에
고민도 없이, 보러 나갔다.

정말 힘들 때,
하나 뿐인 친구가 있다는 건
나를 일어서게 해줄 그림자가 아닐까.

밤엔 보이지 않던 그림자가
낮엔 보이는 것처럼,

뒤에서 묵묵히 버텨주는
고마운 그림자다.

설령, 전화 한 통일지라도
무게, 깊이는 둘만 아는 거니까.

굳건하게 서 있다는 건

뿌리가 깊다는 것이니

부디, 뽑히지 않았으면 해

# 3장.

점점 올라가는 단단함의 강도

멍

멍을 자주 때리곤 한다.

눈에 초점도 없이,
그저 그대로 멍하다.

머릿속에 있는
많은 생각들을 방치시킨다.

과부화가 걸릴 것만 같아,
뇌에도 '쉼'을 주는 버릇이다.
나는 알았다.

인간관계를 잘 이어가기 위해선,
나 자신을 먼저 챙겨야 하고

나 자신을 챙기기 위해선,
'쉼'이 필요하다는 것을.

멍하는 순간
자리를 잡아가는 것만 같다.

길을 잃어버린 나를 찾아주고,
가장 나다운 모습을 보이게 해줬음에

오늘도 난 멍을 때린다.

러닝

지면을 버텨주는
두꺼운 쿠션

몸무게를 지탱해주는
땅

박자를 놓치지 않는
팔

한 몸이 되어 버린
신발과 같이

하나로 어우러져
달린다.

상쾌한 아침,
시원한 밤과
함께 뛰어가기도 한다.

빨리 뛰는 것도 중요하지만,
멈추지 않는 것이 어려운 우리는
매일 숨이 가득 찬 달리기를 하는 중인가 보다.

산책

세상에서 가장 좋은 책은
산책이라는 얘기가 있을 정도로,
살아감에 있어 고마운 존재이다.

마냥 걷기만 한다는 게
산책을 뜻할까.

산책은 목적지가 없다.

방황하고, 지쳐 쓰러지고,
다시 일어서는 우리는
오늘도 산책 중이지 않을까.

너무 앞만 보고 달리지 않았으면,
옆 풍경도 바라보며
밝게 웃어 봤으면 좋겠다.

손잡고 걸을 수 있는
동반자가 있다면 더욱더 좋지.

아름다운 사람과
아름다운 산책을 한다는 건

모두가 그리는 산책이니까.

혼자가 편해진 나

테이블에 숟가락이 하나인 게
어색했고,

뭐든 혼자 한다는 생각에
고독했다.

처음엔, 혼자서
모든 게 서툴러 삐걱대기만 하다,

지금은 혼자가 가장 편하다는 말이
너무나 와 닿는다.

굳이 관계를 이어 나가기 위해 애썼던 나와,
혼자 시간을 가지고 내 능력을 키우며
집중했던 나는, 천지 차이였다.

혼자 시간을 가지며
나를 알아갔더니

애썼던 사람들이
하나, 둘 찾아오기 시작했다.

외로움에서 배울 것이 정말 많다고 생각하기에
현대사회에 지치고, 무기력하다면

혼자만의 시간을 가져봤으면 한다.

테이블에 숟가락이 하나인 게
어색하지 않을 정도로.

나무

뿌리부터 깊게 쏟아 자라는 나무.
탄탄하기만 하다.

자라며,
잔가지를 치기도,
잎이 떨어지기도 하지만

때론, 잎이 자라
우리에게 그늘이 되어주는 존재이다.

사람은 영원히 빛날 수는 없다.

누구나 빛날 시기가 정해져 있기에,
그늘이 되어 주는 그날을 기다리기도 한다.

누군가의 그늘이 되어 줄 수 있다는 건
내가 가장 빛나는 시기이지 않을까.

뿌리부터 단단하게 자란 너처럼

언젠간, 잎이 자라
잠시라도, 그늘 같은 사람이 되기를.

여행

나는 어디로 가는 중일까,
나는 어떤 여행을 하는 중일까.

목적지도 모른 채
그저, 오늘도 걷는다.

기쁜 마음으로 떠났지만
과정은 기쁘지 않다.

원래 인생이란 여행은
계속 수정되는 걸까.

계획대로 여행을 떠나고 싶지만,
수가 틀리는 건 당연한가 보다.

우리는 매일, 자신과 여행 중이니
힘든 찰나의 순간도 품어줄 수 있으면 좋겠다.

셔터가 깜박이면,
추억으로 남아버리는 모든 순간들이
뒤에선 영원한 여행 액자를 만들고 있을 터이니.

비

예보에도 없던 비가 내린다.

밖엔
비를 맞으며 걷는 사람,
비가 그치고 가려는 사람,
다양한 사람들이 있다.

우리는 거절을 할때에
모두가 젖을 것만 같아 거절을 하지 못한다.

그렇다고, 예보가 있다 한들
비에 홀딱 젖는 사람도 있듯

나의 거절로 인해
혹여나, 누가 젖을까
걱정하지 않았으면 한다.

지금까지 버텨왔던 눈물의 비가
폭우처럼 쏟아지지 않았으면 하는 바람으로.

어류

찬란한 물결 사이
힘차게 헤엄치는 어류,

낚싯바늘에 걸려 육지에 올라오면
숨 쉬지 못해 발버둥 치는 것,

이처럼, 우리는
각자 맞는 환경이 주어져야
정말 나다운 모습을 보일 수 있지 않을까.

잠시, 운이 좋지 않아
낚싯바늘에 걸렸다고 생각하자.

누군가의 이끌림으로 인해
나도 모르게 끌려왔을 뿐이고,

정신을 차려보니,
발버둥 치고 있었던 것.

관계에서 환경까지 가는
초행길은 험하디 험하니까.

조심히 한 발, 두 발
내디뎠으면.

몇 살

세월이 흐르며
점점 올라가는 숫자,
나이.

우리는 나이가 들어갈수록
노련함이 생기는 거 아닐까.

아픔을 견디는 노련함,
행복을 즐기는 노련함.

그땐 그랬지 하며
과거를 인정할 줄 아는 노련함.

돌아보면 웃어넘길 일들이
당시엔 힘들기만 하니
포기하고 싶을 때가 많다.

지금의 일들로 인해
더욱 더 단단해지고 있음을.

노련한 사람이
단단함의 강도가 높기 마련이니

단단해지기 위해,
노련해지기 위해

오늘도 쉽지 않은 하루를 보낸다는 사실을
잊지 않았으면 한다.

언젠간 마음 놓으며 살아갈 날이 올 테니.

고맙다는 말 한마디

세월이 흐를수록,
고맙다는 말 한마디에
중요성을 느낀다.

쉽사리 내뱉지 못하는 언어들,
그저, 품고 있으니 속 안에서
곪아 가기만 한다.

나를 솔직하게 들여다보고
감정에 충실하는 것.
시도조차 어렵기만 하다.

혼자,
살아갈 수 없는 이 세상.

오늘은
누구의 도움을 받았을까.

정말,
작은 일들일지라도

고맙다는,
감사하다는 말을

꺼내어 건네줄 수 있는
부드러운 사람이 되었으면.

과속방지턱

사고를 줄이기 위해
과속을 방지해주는 과속방지턱.

살아감에 있어.
인생에 방지 턱은 왜 없을까.

빠른 속도에 못 이겨
넘어질 것만 같을 때,

지금은 쉬어도 된다고,
거기는 위험하다고,

한마디 건네줄 수 있는
방지턱 같은 사람이 보고 싶기만 하다.

한편으론, 어렵고 힘든 일들이 방지턱처럼

그냥, 순간 덜컹거리고 지나갈 것이니
두려워만 하지 않았으면.

아인슈페너

위에 둥둥 떠 있는 크림과,
아래서 기다리는 아메리카노를
섞지 않고 마시는 음료 아인슈페너다.

섞지 않아도
각자, 조화를 이루는 맛.

이처럼,
우리는 각자의 색깔을
분명하게 가지고 있다면.

어떤 색깔이든
조화를 이룰 수 있는
무지개와 같은 사람이지 않을까.

색이 같아도
각자, 채도의 깊이가 다르니.

각자 다른 출발선

여름철,
이른 새벽부터

일정한 박자로 소리가 울린다.
매미 소리.

마치 하루가 시작되었다고,
알려주는 알람 같기도 하다.

세상엔,
시작을 알리기도 전에

이미,
출발한 사람들이 가득하다.

이처럼,
우리는 각자 다른 출발선을 가지고 있으니
조급해하지도,
넘어지지도 않았으면 좋겠다.

경쟁 속에서, 매일 살아가지만
출발점은 누구나 다르기에.

친구

친구는 무엇을 정의할까.

내가 힘들 때
가장 먼저 기댈 수 있는 사람.

가족에게 말하기 전 힘들 때,
가장 먼저 연락하기 좋은 사람이
친구를 정의할까.

내가 잘하고 있나,
무료함이 느껴지기도 하며

반복되는 삶에
무료함을 느끼기도 한다.

친하다고 생각한들,
오래가지 않는 사람이 있으니,

우린,
관계에 대해 목매달지 않았으면 한다.

결국,
남는 사람들은 남기 마련이니.

어여쁜 네 이름처럼

누군가로부터 예쁨과,
뿌리부터 잘 살아갔으면 하는 마음에

태어난, '나'

지금은 네 이름처럼
살아가고 있는지 모르겠다.

예쁜 네 이름을
뒤로 한 채,

한 걸음 뒤에서
나를 지켜보거나 응원한 적은 있던가.

아름답기만 한,
네 이름처럼 작아지지 말고
당당하게 살아갔으면 좋겠다.

위축되지 말고,
주눅 들지 말고

고개 당당히 들고서
이름처럼 살아갔으면.

사랑하는 사람에게

사랑하는 사람과
같이 하는 모든 순간들,

찰나가 영원했으면 좋겠다.

이 마음 변치 않고,
변질되지 않으며 미래를 함께 바라보는 사람.

마음씨가
예쁘기만 하니.

다정함에 안아주고 싶다.

손 꼭 붙잡으며,
감정에 충실하는 우리가

찰나를 만들고 있으니,
지금도 영원할 순간들이지 않을까.

사랑하는 사람.

곁에 있어 줘서 고맙고,
늘 힘이 되어줘서 작고 소중한
이 시간들마저 사랑하게 되는 거니까.

작은 무대

4분 남짓 안 되는 공연.

눈에 들어온 건
노래를 부르는 그이의 표정이었다.

작은 맥주집,
작은 밴드의 무대였지만

너무 해맑게 웃으며
지나가는 사람들이 보아도,

행복해 보인다는 사실을
알 수 있을 정도였다.

나도 모르게 무대를 보며
밝게 웃고 있을 뿐이었다.

행복은 이런 게 아닐까.
굳이 찾으려 애쓰지 않는,
소소한 일들.

행복은 찾는 게 아닌,
배경음악처럼.

오늘도, 곁에서 흐르며
하나의 노래를 만들고 있음을.

청춘

깨진 유리 조각을
다시 붙일 수 있다는 용기,

나를 비추는 거울 속에
많은 손자국들이 거쳐 자국이 남는다는 것,
청춘이지 않을까 싶다.

각자
다른 지문들을 지우기 위해,
깨끗한 거울을 만들기 위해
우리는 유리 파편에 베어 다치기도 한다.

상처가 아물어,
겉으로 티가 나지 않아도

아팠던 사실이
그 자리에 머문다는 건 변하지 않는다.

나아가며, 이겨내고 아픔을 인정하는 것.
청춘이지 않을까 싶다.

깨질까 봐 두려워하지 않는,
실금이 많이 간 거울처럼.

좋아서, 미운 사이

아끼고, 사랑하며
뭐든 좋은 것만 해주고 싶다.

경제적인 여유, 하고 싶은 일,
해야 하는 일, 부딪치는 상황.

전부 잘 되어서,
치아를 드러내며 웃고,
그대로 행복하고 싶지만

때론,
서로의 힘듦을 이해하고,
기둥이 되어주며 슬픔을 나누기도 한다.

사랑한단 한마디가
왜 이리 어려운 걸까.

선뜻, 입 밖으로 나오기 쉽지만은 않다.

가족이란 명분 때문에
갈등이 생겨도 괜찮다고 느끼는 걸까.

갈등이 생겨도 괜찮다는 사이가 존재는 할까.

좋아서, 미운 사이
미워도, 좋은 사이

우리 식구여서 그런가 보다.

단단한 사람

표면이 부드럽고, 둥글지만
날카로운 사람이 되고 싶다.

나의 커트라인이 있고,
다가가기 어려워 보이지만 마음이 열려있는 사람.

가벼워 보이지 않고,
흔들리지 않을 것 같은 무게중심이 있는 사람.

그런 사람이 되고 싶다.

단단한 사람이 되기 위해선
아픈 상처를 품에 항상 안고
가져가야만 한다는 건 아니다.

그저, 눈물 자국들이 축적되어
한 방울, 두 방을 겹겹이 쌓아 만들어지는 게 아닐까.

견디지 않아도,
혹여나 무너지더라도

선명한 자국들이
나를 다시 일으켜 세워주기 마련인가 보다.

아낀다는 건

보듬어 주고,
조심하며 아낀다는 건

쓰디 쓴 일들에
각 설탕 하나씩 넣듯

작은 행동 하나로도
나에겐 달콤해 질 수 있는 게 아닐까.

엄마가 처음이라서,
나도 아들, 딸인 게 처음이라서

서로에게 쓰디 쓴 일들을
건네 줄 수도 있지만

작은 미소,
작은 말투 하나로

오늘도 난 웃고 있는 걸 보아하니.
여전히 그대를 아끼는가 보다.

예쁜 그대인 만큼,
예쁜 사랑 해 주기를.

아낀다는 건.
결국, 많이 사랑한다는 뜻이니까.

막상 하려니 막막해

손발이 묶여
뭐든, 시도해 보려 하지만.

막상,
손발이 풀려 자유분방해 졌을 땐.

무엇부터 시작을 해야 하는지
막막하고, 두려웠다.

출발점은 각자 다르지만,
누군가 지켜보고만 있는 압박감을
뒤로 한 채

두려워도 나아가다 보면
언젠간 빛을 볼 수 있겠지 하며,

오늘도 꾸준히
나아갔으면 좋겠다.

그래도, 손발이 묶여있던 자국이
없어지는 시간은 줘야 하지 않을까.

원래 잘해 왔던 것처럼
급하지 않게, 천천히 내디뎠으면.

평범한 게 참 어렵더라

발행일 2024년 10월 11일

1쇄 인쇄 2024년 9월 27일
1쇄 발행 2024년 10월 11일

지은이　　송인창
펴낸이　　한예지
디자인　　이오월

펴낸 곳　　온화
이메일　　onhwabook@naver.com
출판등록　2024년 7월 4일 제2024-000016호

ISBN　　　979-11-988579-1-0 (03810)

· 이 책은 저작권법에 따라 보호받는 저작물이므로 무단 전재와 복제를 금지하며, 이 책 내용의 전부 또는 일부를 이용하려면 반드시 저작권자와 '일단'의 서면 동의를 받아야 합니다.

· 잘못 인쇄된 책은 구매하신 서점에서 교환해드립니다.